DEL DESIERTO A LA ASIGNACIÓN

Desiertos + Procesos = Respuestas de Dios

Profeta Aura Arguello

©Primera edición

Del desierto a la asignación
Por Aura Arguello

2023 Primera Edición
Publicado por Ministerio Profético Casa de Dios

Editado por Publicaciones GenTv
República Dominicana

Citas bíblicas tomadas de la Reina Valera
1960-Biblia de las Américas y NVI
Informaciones con carácter de análisis para argumentar, tomadas del Wikipedia de la web y otras páginas del web site

ISBN: 978-9945-624-92-2

Colaboración especial:
Alexis Angulo y Yesenia Avila de Angulo

Diagramación y Diseño:
Portada Merary Olarte

Contactos autor:
Facebook: Aura arguello
Cel: 912 230 57 31
Correo: Miredentorvive77a@gmail.com

DEL

DESIERTO

A LA

ASIGNACIÓN

Pero he aquí que yo la atraeré y la llevaré al desierto, y hablaré a su corazón.
Oseas 2:14

Dedicado a:

____

CONTENIDO

Capítulos

Dedicatoria

Soy una bendecida del Señor Jesús por su amor, quiero agradecer y dedicar esta obra a mi esposo Bricio González por el apoyo, a mis hijos Jorge Luis y Abraham. Gracias al Eterno por darme la oportunidad de llegar hasta tu vida, a través de este libro que está en tus manos, es parte de algo glorioso que compartiré con cada lector, y pidiendo al Espíritu Santo que se glorifique en cada área de tu vida.

Agradecimientos

Agradezco a mi amado Dios y Padre celestial por esta oportunidad que me ha dado, por este nuevo comienzo en mi vida, por una nueva etapa. Le agradezco a por haberme ayudado a compartir mi experiencia, por todo lo que nos ha permitido pasar y hacer; y aún por lo que nos ha negado.

Mis agradecimientos especiales a mi bella familia, mi esposo y los dos hijos que el Señor me ha dado como herencia.

Prólogo

Quiero comenzar este prólogo exponiendo una poderosa narrativa de las Escrituras en Hechos capítulo 13 del versículo 1 al 3:

Había entonces en la iglesia que estaba en Antioquía, profetas y maestros: Bernabé, Simón el que se llamaba Niger,Lucio de Cirene, Manaén el que se había criado junto con Herodes el tetrarca, y Saulo. Ministrando estos al Señor, y ayunando, dijo el Espíritu Santo: Apartadme a Bernabé y a Saulo para la obra a que los he llamado. Entonces, habiendo ayunado y orado, les impusieron las manos y los despidieron.

A partir de esta lectura, yo quiero hacer alusión a la pastora y profeta ministro del Señor, Aura Argüello, que ha tenido una trayectoria, pudiéramos decir no perfecta, pero si intachable, en búsqueda, en oración, en clamor, en rectitud, en fidelidad y honra; y la conocemos hace alrededor de unos 10 años, y la conocimos cuándo estaba ministrando como profeta en la iglesia donde ella se congregaba.

Luego tuvo una asignación de parte de Dios para iniciar una iglesia en la ciudad de Claxton, Georgia, dónde hace alrededor de seis años ella comenzó a ministrar en ese lugar, donde se ha manifestado la gloria de Dios y ha tenido logros y victorias, también ha tenido luchas, ha tenido desiertos en su vida, ha tenido gigantes de problemas que enfrentar.

Creo como toda persona o como todos los llamados en Dios, que se les presentan desiertos en la vida, presentan dificultades, ataques del infierno, pero el que tiene una asignación de Dios como apóstol de Jesucristo, como apóstol llamado por Dios, de acuerdo a Efesios 4:11.

En estos diez años que llevo conociendo a la pastora y profeta Aura, he visto cuántas luchas ha tenido que pasar para llegar a este momento, y como su pastor y cobertura hace alrededor de unos cinco años, que ella está bajo el manto apostólico de nuestro ministerio, y así también nosotros estamos bajo el manto apostólico y profético del apóstol Rony Chávez.

Conozco la trayectoria espiritual y también familiar de la pastora y profeta Aura, conozco a toda su familia; y de hecho toda su familia ministran en el altar, así que yo honro en este momento a esta servidora del Señor, que hasta este momento se ha guardado, ha permanecido firme y con una visión de llegar a la plenitud del varón perfecto.

A modo de gratitud, a modo de reconocimiento por este hermoso libro que Dios le ha permitido editar, para que muchas vidas sean transformadas, para que muchas vidas traspasen los obstáculos, brinquen las barreras, este libro del desierto a la asignación, puedo decirle que es un libro que impactará a mucha gente, es un libro que el lector tendrá un antes y un después, que la vida que pueda asimilar el concepto espiritual del desierto a la asignación, yo le garantizo que esa vida nunca más será igual, porque el problema no es estar en el desierto, sino que el problema es salir del desierto.

Mas cuando estamos con una asignación de Dios, aquel que nos mete en el desierto, también nos da la sabiduría, la guianza, la fuerza, el entendimiento, la gracia para poder salir del desierto y no salir destruidos, sino salir en victoria.

Yo creo que este libro será un antes y un después para muchas vidas, yo recomiendo que lean detenidamente cada palabra en este hermoso y bendecido libro, yo le recomiendo a toda persona que escudriñe, no digo que el libro es mejor que las Escrituras, pero es la historia y la trayectoria de una persona que sabe lo que implantó en cada página de este hermoso libro, y es bueno escudriñar las Escrituras, pero también es bueno escudriñar las vidas de aquellos hombres y mujeres que pudieron cruzar hacia el otro lado, pudieron vencer gigantes, pudieron derrotar a enemigos, pudieron pasar hacia el otro lado.

Es muy importante saber y entender cómo esas vidas hicieron posible el pasar hacia otra dimensión, y por ello yo le recomiendo este libro del desierto a la asignación. Cada persona tiene una asignación, pero también cada persona tiene un desierto, y no se podrá llegar nunca a una asignación, si primeramente no tienes un desierto delante.

Cuando Dios saca al pueblo de Israel de la esclavitud de los egipcios, después de un mar rojo, viene un desierto, o sea, la vida en el desierto nos lleva o nuestra finalidad, que es la asignación en Dios, yo te pregunto en este día, ¿cuál es tu asignación? y también te digo que si tú estás pasando un gran desierto, no importa si es pequeño, si es grande o si estás pasando por un desierto que tú no le ves salida, yo te digo en esta hora que Dios no te metió en el desierto para que mueras en él, ni para destruirte, Dios te metió para llevarte a una nueva posición, llevarte a un nuevo nivel y entregar una nueva asignación.

Asignación que solamente tú podrás cargar con ella, asignación que está esperando por ti, esa asignación del cielo está esperando por ti, ahora si estás en medio del desierto o ya pasando el desierto, ojo, o estás entrando al desierto, gloria a Dios, porque lo próximo es la asignación.

Así que también quisiera agradecer a la pastora Aura y al equipo administrativo de la Iglesia, el equipo de liderazgo, a toda la Iglesia quisiera agradecerle los momentos hermosos que hemos pasado, cada vez que estamos allí con ella y con todo su equipo, los tiempos de gloria que vivimos ahí, así que agradecemos eternamente la vida de la pastora y profeta Aura, junto a su esposo Bricio y a sus dos hijos.

Muchas gracias y espero este libro les sea de una fortaleza y de una bendición tremenda, bendiciones.

Apóstol Leo
Ciudad de Blaston, Sur Carolina EEUU

Comentario

Dentro de las riquezas de la vida cristiana, tenemos como la mayor economía el crecer a la estatura del varón Perfecto, como bien dice La Escritura en (Efesio 4:13), mas para nadie es un secreto, que dicho crecimiento es basado o calculado por medio a los desiertos (procesos) en la que tenemos que vernos diariamente, por el hecho de ser responsable en llevar la cruz (evangelio) sobre nuestros hombros.

Cada estación de proceso garantiza el crecimiento integral, la cual es igual a valores éticos, morales y espirituales que necesitamos para poder cumplir nuestra asignación como siervos de Cristo. Estoy seguro que este libro te conducirá a conocer, que para cada proceso hay un Dios poderoso que estará contigo dándote fuerza (Jeremía 33:3) y entenderás que no todo es casualidad, o coincidencia en tu vida.

Por tal razón te recomiendo a que leas y compartas esta historia testimonial con nuestra querida amiga, Pastora Aura, que hoy con mucho amor pone en tus manos este testimonio, y para bendecir la comunidad cristiana. Que el Señor te bendiga grandemente.

Pastor y Profeta Johnny Feliz
Presidente del Ministerio Profético Marcados Por Su Gracia

Preámbulo

Dios había prometido a Abraham que a su descendencia daría la tierra de Canaán, (asignación) tierra de bendición plena, pero esto sería después de libertarlos de una nación que los iba a esclavizar un largo periodo, un espacio de cuatrocientos años, y esto fue exactamente lo que sucedió en Egipto, porque la Palabra del Señor tiene cumplimiento, pero por encima de esa palabra de esclavitud que se le había dado a Abraham, que iba a ser sometida su descendencia, estaba la palabra de liberación y victoria: **Ten por cierto...**

Esa descendencia de Abraham se le dio un nombre, fue conocida como el pueblo de Israel, y en el caso de este pueblo en comparación a nuestro tiempo, está la similitud de que nosotros retrasamos nuestra asignación, simplemente por nuestras quejas, excusas y tantas cosas más.

Desde el lugar de la esclavitud no estuvieron atentos al señalamiento de los tiempos, de que Dios los visitaría tal como le había prometido, por eso no reconocieron a Moisés como el hombre que sería su libertador, o más bien a quien Dios escogería y le encomendaría tal asignación, la de llevarlos a la tierra prometida.

Es necesario que podamos entender que debemos atravesar algunos espacios de tiempos (desiertos), por causa de nuestra desobediencia, al plan que tiene Dios con nuestras vidas.

La palabra desierto aparece varias veces en la Biblia, representando un lugar árido y seco, que es difícil de transitar (Mr. 1:1213), así como un lugar en el cual se encuentra una persona sola (Mt. 14:23).

Sin embargo, en el sentido espiritual, un desierto representa alguna etapa de la vida en la que puedes tener sufrimiento, desesperación, inconformidad, amargura, pero Dios quiere que le celebremos fiesta en medio de nuestros desiertos, que le sirvamos y le ofrezcamos sacrificios como parte del gozo de haber salido de Egipto y de saber que sí pudimos o podremos vencer.

Creámoslo, vamos a llegar a nuestra Canaán, la tierra prometida, lo que el Padre ha diseñado para cada uno de nosotros. (Ex. 5:13;7:16).

Pueden ser muchas las razones por las que Dios conduzca a su pueblo al desierto, pero en forma general, es con el propósito de que su pueblo reconozca que Él es su único sustentador:

Y te afligió, y te hizo tener hambre, y te sustentó con maná, comida que no conocías tú, ni tus padres la habían conocido, para hacerte saber que no solo de pan vivirá el hombre, más de todo lo que sale de la boca de Jehová vivirá el hombre. (Dt.8:23).

De tal manera, que se puede entrar al desierto como consecuencia de un propósito específico de Dios, o bien, porque se provoque a través de ciertas actitudes del alma que deben ser ministradas en la soledad, es decir, en condiciones que nos hagan sentir débiles y necesitados.

La Biblia relata casos de varias personas que estuvieron en el desierto, lo cual es un ejemplo para el pueblo de Dios, con el propósito de no caer en los mismos errores que ellos cometieron o, sí se estuviera en la misma condición, procurar la libertad por medio de lo que Dios ha establecido.

La Autora

CAPÍTULO 1

ESTA ES MI HISTORIA

Conociendo al Dios de los procesos

Esta es la historia de la familia de Jacob: José, siendo de edad de diecisiete años, apacentaba las ovejas con sus hermanos; y el joven estaba con los hijos de Bilha y con los hijos de Zilpa, mujeres de su padre; e informaba José a su padre la mala fama de ellos. Genesis 37:2

¡Un testimonio que te puede bendecir!

Cada quien tiene su propia historia que contar, solo que muchas personas no lo hacen porque no saben cómo hacerlo, otros porque nos les interesa, y algunos porque no lo consideran relevante. Es decir, importante. Sin embargo, creo que cada experiencia vivida, tal como lo dice su nombre "experiencia", carga consigo una enorme bendición cuando es compartida con un fin determinado, lo que entiendo es mi caso.

Y, en este sentido, que dicho fin sea el de ayudar a alguien por medio de lo que se ha vivido, a hacer mejor las cosas, a evitarle que pasen en su vida por circunstancias adversas, que por inexperiencia muchas veces padecemos, porque una cosa es que sea Dios quien nos impulse a un desierto, que entrar por nuestra propia cuenta, y en la mayoría de los casos hay personas que están atrapadas en desiertos que ellos mismos se buscaron.

Así que quiero comenzar contándoles cómo inició en mi vida este proceso que me llevó a llamarlo: Del desierto a la asignación profética, hablo respecto a mi vida personal, sabiendo que también con exponerles dichos testimonios, los mismos traerán respuestas a sus vidas; y así animarlos e inspirarlos a que puedan cumplir con el plan y propósito de Dios en sus vidas.

¡Este es el momento del cambio, es aquí mi testimonio!

Mi nombre es Aura Arguello, me entregué al Señor Jesucristo en el mes de noviembre del año 2014, específicamente en sur de Carolina. Contaba con la bendición de proceder de una familia donde se nos enseñaba que había un Dios.

Mi madre siempre fue una mujer temerosa de Dios, una mujer que no se iba a dormir sin antes leer Las Escrituras, sin antes orar, aunque a su manera, pero lo hacía, ella tenía una comunicación con Dios, la que se nos hacía notoria, y puedo decir que nos enseñó siempre lo que representaba el temor a Jehová.

Cuando hablamos del temor a Jehová, lo primero que le viene a la mente a mucha gente es miedo. Sin embargo, Dios no quiere que el hombre le tenga miedo, al contrario, lo que Él más quiere de nosotros es que nos acerquemos a Él confiadamente, que lo respetemos, que lo obedezcamos en todo lo que Él nos manda. Cuando aprendemos a confiar en Él y lo respetamos, somos sabios. En toda su Palabra Dios demanda de nosotros sabiduría.

Recuerdo muy bien que, cuando nosotros nos convertimos, el Espíritu Santo de Dios tocó nuestros corazones, y hablo en plural, porque no fui la única que me entregué a mi Señor y salvador Jesús, pues, aunque yo fui la primera que di ese paso de fe, no pasaron muchos días en que lo hiciera también mi esposo.

En ese tiempo no convertimos al Señor, no nos bautizamos inmediatamente, o sea, tan rápido. No obstante, puedo decir que empezamos a caminar rápido, y también a trabajar para el Señor en el ministerio. En menos de un año ya estábamos al frente de una obra, realmente no como pastores, pero sí como pilares de esa obra.

Estuvimos trabajando allí al lado del pastor de esa iglesia, después de eso empezamos a hacer campañas, nos movíamos en los parqueaderos, que eran los lugares donde hacíamos servicios, y estábamos ahí trabajando hombro a hombro y mano a mano con todo el liderazgo.

Los días iban pasando y llegó el tiempo en que el Señor tiene que hacer un cambio en nuestras vidas. Resulta que mientras nosotros estábamos al frente de esa obra, se estaban originando cosas que nos hicieron cambiar, en ese lapso de tiempo el Señor nos estaba mostrado su amor y su misericordia, nos mostraba cómo estaba teniendo cuidado de nosotros cada día, mientras hacíamos servicios en la casa.

También hacíamos servicios en el campo y llevábamos los servicios donde nos abrían las puertas, allá sin titubear íbamos, evangelizábamos, la gente se convertía, en ese tiempo ya tenía mis hijos, y el menor tenía apenas un añito, y justamente nunca olvidaré que fue la primera vez que tuve una prueba grande, donde pude ver la mano de Dios.

Conociendo al Dios protector

Nos aconteció algo donde pudimos ver la mismísima mano de Dios.

> Hay cosas que nos acontecen para que vayamos conociendo al Dios que le servimos, para ir conociendo sus atributos.

Sucede que íbamos a salir, y yo no me percaté que el niño estaba detrás del vehículo, yo era quien conduciría, iba a recoger algunas personas que habíamos invitado a que viniesen a recibir la palabra de Dios, y cuando puse el carro en marcha para dar reversa, resulta que mi hijo estaba atrás y yo no me había dado cuenta, solo escuché un grito, y rápidamente me desmonté a ver qué era lo que estaba pasando, y en efecto, al ver al niño, detallo que desde su hombro para sus pies, él tenía la marca por donde le había pasado la llanta del carro.

Gracias al Señor las cosas nos pasaron de ahí, es decir a más, pues puedo decir que la mano de Jehová lo protegió, como ya dijera, solamente había quedado las marcas en él, y entiendo que esto fue para que viéramos que el Señor había estado ahí. Y es como bien dice su palabra:

El ángel de Jehová acampa alrededor de los que le temen, y los defiende. Salmo 34:7

Aunque ande en valle de sombra de muerte, no temeré mal alguno, porque tú estarás conmigo; tu vara y tu cayado me infundirán aliento. Salmo 23:4

¡Y sí que me infundió aliento ver aquello acontecido! Desde que mi hijo nació el Señor me ha mostrado su mano poderosa obrando en él, cuando vi a mi hijito, yo solamente lo abracé y lo llevé para adentro con su papá, porque mi esposo no se dio cuenta que el niño había salido, y cuando ellos vieron al niño, y se dieron cuenta de lo que había sucedido, todos allí de manera unánime adoramos a nuestro Dios.

Y cómo no hacerlo, pues creo que usted comprende la fragilidad de un niño a esa tierna edad, cualquier cosa le puede dañar, y más una como ser atropellado por aquel vehículo, que hasta a cualquier persona adulta que le acontezca eso, le puede afectar, como realmente hemos visto estos casos, imagínese entonces un bebecito de apenas un añito. Pero son cosas que muchas veces suceden para que vayamos conociendo el maravilloso poder protector de nuestro amado Padre Celestial.

Adoramos a Dios porque a ese niño no le había ocurrido nada, y estas cosas nos impulsaban a seguir trabajando para el Señor, seguíamos sirviéndole cada día con más fuerza, con más entrega.

Pasó un lapso de tiempo y nos movimos de lugar, nosotros en Carolina del Sur teníamos una vida cómoda, una vida de donde mi esposo me cambiaba el carro cada año o cada 6 meses, siempre me tenía un carro diferente, tenía mi casa, todas las comodidades, teníamos todo lo mejor que ese hombre nos había podido dar a mis hijos y a mí.

Cuando nos movemos para la ciudad de Claxton, Georgia, un lugar donde si me preguntan si me gustaba, le diría que no, pero nosotros anhelábamos el fuego del Espíritu Santo y servirle a Dios todo el tiempo, no sólo estar un día, sino que queríamos servirle a nuestro Señor todos los días de nuestra vida, tal como dijo el salmista.

Ciertamente el bien y la misericordia me seguirán todos los días de mi vida, Y en la casa de Jehová moraré por largos días. Salmo 23:6

Así que nos movimos para congregarnos en la iglesia de los Pastores Figueroa, trabajamos con ellos alrededor de 11 años, hombro a hombro luchando, veíamos como ellos sufrían, estábamos ahí mano a mano con ellos, nosotros sabíamos que el Señor tenía planes con nuestras vidas, con nuestro matrimonio, sabíamos que Él tenía un ministerio para nosotros, aunque, a decir verdad, siempre que nos hablaban de eso, le corríamos, porque no queríamos aceptar el ministerio, sabíamos la gran responsabilidad que esto traía consigo, que esto implicaba, entendíamos todo lo que teníamos que dejar, y todo lo que teníamos que hacer.

CAPÍTULO 2

UN DOLOR SIN IGUAL

Entendemos que todo el que nace un día ha de morir, pero créanme que ninguno podemos decir que estamos preparados para ello, para dejar este mundo, y tampoco lo estamos para dejar ir a aquellos que amamos, no quisiéramos nunca verlos partir. Pero lo bueno del caso es, que como cristianos vamos entendiendo este misterio que arroja consigo la muerte, vamos dejando a tras los miedos de la misma: **Pues si vivimos, para el Señor vivimos; y si morimos, para el Señor morimos. Así pues, sea que vivamos, o que muramos, del Señor somos. Romanos 14:8**

Nuestro Señor es fiel, Él es verdadero y simplemente Él siempre sabe lo que hace.

El 19 de abril del 2014, esta fue la fecha donde empezó nuestro transitar por el desierto, obviamente que ya habíamos tenido varios desiertos, pero este fue uno de los desiertos que más tocó nuestras vidas, nuestro corazón, nuestra familia, la flor más bella y hermosa del jardín de la familia le había llegado sus días aquí en la tierra, en la que tenía que volver a casa con papá, fue en ese abril del 2014, año inolvidable, donde habíamos salido a un cumpleaños de una hermana de la Iglesia.

Nosotros estábamos compartiendo con la cumpleañera, nos habíamos juntado las mujeres y salimos para un lugar llamado Savannah ga, y ahí compartimos, reímos, comimos; y lo más curioso de todo esto es que, en esa cena habíamos cerca de 12 mujeres, y mi madre había compartido su comida con las 12, todas estábamos en una sola mesa. Sin saber lo que nos esperaba en el regreso.

Son cosas que a veces no entendemos, al punto que hasta salimos corriendo, estábamos tan contentos, felices, salimos dos o tres porque íbamos a regresar, eso es lo que nosotros pensamos, pero no sabemos de los planes que Dios tiene para nuestras vidas, así que, siendo aproximadamente las 11:00 pm de la noche algo acontece.

Una hora antes que veníamos de camino empezó a llover, íbamos saliendo de una curva no muy pronunciada, pero la noche era muy oscura porque estaba lloviendo mucho, puedo decir que era la noche más oscura de mi vida, resulta que también allí se habían caído en la carretera dos árboles, y entre medio de esos árboles el carro donde nosotros veníamos junto con mi hermana y la pastora, pasó entre medio de los dos árboles abruptamente.

Policías, bomberos, detectives y todos dijeron que no entendían cómo es que el carro había pasado por el medio de los dos árboles, y que los ocupantes del mismo ninguno saliese lastimado, nadie salió herido, todos quedamos bien, pero cuando ven que se iba a voltear para caer en dicha zanja, yo sentí como que una mano lo agarró y lo mantuvo estable.

Entonces nos empezamos a bajar del carro, mi hermana decía que dónde estaba mamá, resulta que ella venía en el carro de atrás, allí venía mi mami y la señora que estaba cumpliendo años, la nuera de la señora estaba embarazada y a punto de dar a luz, también venía mi sobrina, la hija de la pastora; y cuando nos bajamos preguntamos por nuestra madre.

Entonces corrimos al carro a ver, y vemos que mi madre está en el asiento del copiloto, ella viajaba en el sillón de atrás, justamente en medio, pero cuando el que iba guiando frenó el vehículo, al ser tan abruptamente ella se viene para enfrente y recibe un golpe en la cara, justamente arribita de las cejas, ese golpe fue muy fuerte, en verdad no sé cuál haya sido el golpe más fuerte que acabara con su vida.

Cuando yo llego al carro, de mi mami solo se escuchaba un gemir del intenso dolor que padecía, sólo la vi y le dije: Mami, vas a estar bien, le agarré su mano, me tiré en la carretera en esa noche oscura, seguía lloviendo, me tiré y clamé al Señor, oré a mi Dios, empecé a hablar en lenguas, de repente escuché que me decían, ven, agarra a tu mamá, así que corrí, alguien ya la había halado, y la persona me decía, agarra a tu mamá, entonces la sacamos del carro y la acostamos en la carretera, en mis piernas y puse su cabeza en mi pecho.

Mi mami no dejaba de sangrar, la sangre salía a chorros por la nariz, la herida que se había hecho en la frente fue a eso más o menos de las 10:40 de la noche, la hora exacta del accidente, y ya a las 11:00pm fue declarada que ella había fallecido, había partido con el Señor, fue una muerte pudiéramos decir que instantánea, el amor de Dios es tan grande que ella no sufrió nada.

La gente que venía conduciendo por esa vía empezó a parar, porque el carro dónde venía mi mami había sido impactado con otro carro, ellos no chocaron con los árboles como nosotros, pero impactaron en las ramas y con el otro carro, y en el otro carro venía un bebé y su papá; gracias a Dios a ellos no les pasó nada.

En el carro, en el lugar que mi mami venía sentada, quien iba a ir allí a sería mi sobrina y mi mami le dijo, no, vete adelante, yo me voy a ir aquí, y mi mami fue la que partió con el Señor, ese día la señora que estaba embarazada también perdió su bebé, en ese mismo accidente. Realmente fue una enorme tragedia.

Cuando yo agarré a mi mamá y la tenía sobre mi pecho, tenía sus manos y su carita en mi pecho, yo le decía al Señor, le clamaba diciendo: No te la lleves, no te la llevas, le decía a mi mami, quédate mami, quédate, quédate.

En eso de que yo estaba hablando con el Señor y con mi mamá a la vez, escucho una voz que me dice: Me la tengo que llevar, era como una voz que decía, entiende que esto es lo mejor, entiende que es lo mejor para ella, me la tengo que llevar porque lo que viene, ella no lo va a soportar, el corazón de ella no lo va a soportar.

Cuando yo escucho esa voz, llega mi hermana corriendo, porque ella no sabía con quién estar, ya que había otros heridos, la que estaba embarazada, la que venía manejando y mi mamá, entonces ella viene corriendo, mientras que yo estoy escuchando la voz del Señor, ella le dice a nuestra madre: Mami, ¿te vas a ir con Cristo?, y en el espíritu nosotros entendimos que mamá nos dijo, sí.

Oramos, le pedimos perdón a nuestra madre, pedimos perdón a Dios, y en esa hora llegaron los de la ambulancia, me quitaron a mi mamá, pero fue el último suspiro de mi madre, el 19 de abril de 2014, cumpliéndose la palabra que el Señor me dio, de que se la tenía que llevar, porque lo que venía, el corazón de ella no lo iba a soportar.

Mientras íbamos en el camino, la ambulancia no hacía ruido, los paramédicos estaban callados, el que iba manejando me miraba, y su mirada era como que su rostro se me hizo que pensaba, ¿qué está pasando?

¿Qué está pasando?

Me volteo y no puedo ver nada, y entonces yo le digo al Señor, no oigo ni veo nada ¿Qué está pasando?, muéstrame

¿qué está pasando? Cuando yo le digo al Señor muéstrame qué está pasando, aquella noche oscura se iluminó con una luz tan fuerte, y me mostró entonces a mi mami que estaba en una cima, ángeles estaban en un lado y del otro mi mamá, entonces un ángel estira la mano y mamá le da la mano al ángel, y ella pasa al otro lado.

Cuando tengo esta visión, se vuelve a cerrar todo, y ahí se vuelve a convertir en esa noche oscura.

Ahí mismo entendí que mi mamá había partido con el Señor, que Dios se la llevó. Empecé a mandarle mensajes a cuantos pude, yo había perdido mi teléfono, pero tenía el teléfono de mi madre, empecé a llamar desde ese teléfono y decirles a todos: Mamá a partido, mamá ya no está con nosotros, avísenles a todos, prepárense porque mamá ya no está.

Todo el que ama un ser querido se aferra a que no ha partido, pero yo sabía lo que había visto, y sabía lo que había escuchado. Mas no sabía que, en aquel 2014, aquel día, aquella noche, se convirtió en la noche más oscura, más dolorosa y más difícil de salir adelante.

CAPÍTULO 3

EL SEÑALAMIENTO DE CULPA

Hay situaciones que nos acontecen que nos llenan de sentimientos de culpa, y más cuando nos señalan y juzgan como culpables o responsables de lo acontecido. El sentimiento de culpa es considerado como una emoción negativa que, si bien a nadie le gusta experimentar, lo cierto es que muchas veces es necesaria para la correcta adaptación a nuestro entorno, específicamente cuando se deja algún vacío con lo acontecido.

Muchos autores coinciden en definir la culpa como un afecto doloroso que surge de la creencia o sensación de haber traspasado las normas éticas personales o sociales, especialmente si se ha perjudicado a alguien. Y esto era lo que me estaban inculcando, pues cuando llegan mis hermanas, y cuando yo llegué donde mis demás familiares, mi familia me empieza a culpar de la muerte de mi mamá, porque mi mamá estaba en México, y yo fui que la mandé a traer, y estuvo conmigo un año y siete meses.

El Señor le place llevársela, pero ellos esto no lo entendían, así que lo más razonable para ellos era culparme a mí, y ponían como pretexto que yo la mandé a buscar, esa fue la razón por la que ellos me culpaban de la muerte de mi mamá.

No pude llorar ese día la muerte de mi madre, no la pude llorar a gusto, porque me gritaban que la había matado, pasó todo el velorio, pasó todo, se fueron para México, pero no tantos días, después a raíz del desierto es que conocemos lo que cada persona tiene en el corazón, en el dolor es donde nos formamos y conocemos lo que cada uno tiene en su corazón, por eso dice la palabra que, de la abundancia de nuestro corazón, habla nuestra boca.

En el dolor mis hermanas me culpaban a mí, pero del otro lado estaba la pelea del dinero, mientras nosotros estábamos sufriendo, ya había del otro lado peleándose el dinero del seguro, en eso se convirtió, el día se hacía de noche para mí, por muchos meses, por un año completo, puedo decir que fue donde sentí que se acabó todo, donde les dije: Miren, yo no quiero dinero, no quiero nada, si hay alguna manera de que yo les pueda dar el dinero, yo se los doy, porque lo que yo quería era estar bien, porque esto ya se había convertido en un infierno totalmente.

Después de eso, yo quedé pensando y el Señor me trae a memoria la palabra: Tú me dijiste que venía algo, que el corazón de mi madre no lo iba a soportar.

La raíz de todos los males

Según abogados en Derecho de Familia y psicólogos especializados en vínculos familiares, las herencias son la causa de varios conflictos familiares, aunque todo depende de cuán grande sean los bienes a repartir entre los familiares del difunto, seguidos por la conducción y las libertades de los adolescentes y la educación de los hijos de padres separados.

Y en verdad unos de los conflictos más desgarradores que existen en la familia, pudiéramos decir que son los que se dan tras la muerte de un ser querido, y los bienes materiales que heredamos de ellos. El meterse en un conflicto por una herencia impide que se cierre el duelo por la persona fallecida, y normalmente se rompen vínculos importantes dentro de la familia. ¿Por qué ocurren estas peleas? ¿Qué hay detrás de los conflictos por una herencia familiar? Yo diría para puntualizar que la falta de temor de Dios, cuando se ama más el dinero que a Él, pues su palabra dice:

Porque raíz de todos los males es el amor al dinero, el cual codiciando algunos, se extraviaron de la fe, y fueron traspasados de muchos dolores. 1 Timoteo 6:10

El apego a las cosas materiales destruye las relaciones.

Fíjense ustedes, si por el amor al dinero muchos han sido capaces de apartarse de la fe, que representa la salvación de su alma, ¿cuánto más no se van apartar de la familia?

Son muchos los relatos e historias conocidas de estos casos, de cómo las familias se desmoronan y se destruyen hogares por el amor al dinero heredado. Y lo bien cierto es que Jesús en sí no condena la riqueza, sino el apego a la riqueza que divide familias y causa guerras.

Entiéndase que Jesús no está en contra de la riqueza como tal, sino que nos advierte contra el hecho de colocar la propia seguridad en el dinero que puede convertir a la iglesia en una agencia de seguros. Además, el apego al dinero divide, como lo ilustra el relato del Evangelio en la que dos hermanos discuten entre si sobre a quien le corresponde la herencia.

Le dijo uno de la multitud: Maestro, di a mi hermano que parta conmigo la herencia. Mas él le dijo: Hombre, ¿quién me ha puesto sobre vosotros como juez o partidor? Y les dijo: Mirad, y guardaos de toda avaricia; porque la vida del hombre no consiste en la abundancia de los bienes que posee. También les refirió una parábola, diciendo: La heredad de un hombre rico había producido mucho.

Y él pensaba dentro de sí, diciendo: ¿Qué haré, porque no tengo dónde guardar mis frutos? Y dijo: Esto haré: derribaré mis graneros, y los edificaré mayores, y allí guardaré todos mis frutos y mis bienes; y diré a mi alma: Alma, muchos bienes tienes guardados para muchos años; repósate, come, bebe, regocíjate. Pero Dios le dijo: Necio, esta noche vienen a pedirte tu alma; y lo que has provisto, ¿de quién será? Así es el que hace para sí tesoro, y no es rico para con Dios. Lucas 12:13-21

Entre nosotros los cristianos, el amor al dinero es condenado como un pecado, basado principalmente en textos como Eclesiastés 5:10 y 1 Timoteo 6:10. La condena cristiana se refiere a la avaricia y la codicia más que al dinero en sí mismo. Porque la biblia registra que a Jesús muchas mujeres le sustentaban hasta en lo económico:

Aconteció después, que Jesús iba por todas las ciudades y aldeas, predicando y anunciando el evangelio del reino de Dios, y los doce con él, y algunas mujeres que habían sido sanadas de espíritus malos y de enfermedades: María, que se llamaba Magdalena, de la que habían salido siete demonios, Juana, mujer de Chuza intendente de Herodes, y Susana, y otras muchas que le servían de sus bienes. Lucas 8:1-3

Es muy fácil decir que: «A los que aman a Dios todas las cosas cooperan para bien» (Romanos 8:28), hasta que experimentamos la adversidad. Lo cierto es que muchas veces es un misterio por qué Dios nos permite atravesar algunas circunstancias dolorosas. Y es justamente en esos momentos que necesitamos anclar nuestra esperanza en las promesas de Dios en su Palabra, en lo que Él nos ha dicho directamente o por medio de sus profetas.

Por ejemplo, es esperanzador que la Biblia nos cuenta cómo los desiertos, o los sufrimientos, trajeron frutos en personas que Dios usó para sus propósitos. Como en el caso de Moisés, quien pasó cuarenta años en el desierto de Madián. Allí aprendió lecciones que luego aplicó para guiar a la nación de Israel por el mismo desierto los próximos cuarenta años.

De manera similar, los desiertos espirituales traen experiencias que nos acercan más al Señor. Son momentos que Dios usa para formar nuestro carácter. En fin, lo que Dios me dijo que vendría en el 2014, en el 2016 termina; y marzo 2017 empieza mi ministerio profético Casa de Dios Para Las Naciones. Así que debes sabes y entender que todo sacrificio, todo desierto tiene una gran victoria.

CAPÍTULO 4

LA PROMESA SOBRE MI FAMILIA

Ellos dijeron: Cree en el Señor Jesucristo, y serás salvo, tú y tu casa. Hechos 16:31

Cuando mi madre parte con el Señor, a los días se convierten dos de mis hermanos, específicamente, una hermana y un hermano, los dos se entregaron a Cristo, aunque la relación entre hermanas nunca más volvió a ser la misma. En este momento gracias a Dios nos estamos volviendo a unir, porque hemos sido muy unidas, una de ellas es la que se apartó completamente de todos nosotros, sin comunicación, sin nada.

Existen momentos en la vida de toda persona, en los que no se le encuentra sentido a los acontecimientos que suceden; y a veces son continuos a tal grado que llegan a pensar que toda la mala suerte del mundo está con ellos. Pero nosotros como cristianos debemos saber que a veces atravesaremos desiertos, en los cuales aprenderemos algo nuevo, que será de gran provecho para nuestra vida.

Una de las historias bíblicas que la plasmo aquí, tiene que ver con estos acontecimientos, los desiertos que debemos atravesar nos enseñarán muchas veces cosas que no quisimos aprender en otro tiempo.

Les invito a ver como una mujer llamada Rut, ella a pesar de las tantas adversidades salió adelante, llegando a su asignación después de un tiempo que se vio como que no tenía salidas.

En el Proceso de Rut podemos encontrar que hay un Padre pendiente de nosotros, que nos va a mirar como hijos, y es ese Dios maravilloso que tanto nos ama, y que al vernos como hijos, nos dará aquello que realmente necesitamos:

Pues si vosotros, siendo malos, sabéis dar buenas dádivas a vuestros hijos, ¿cuánto más vuestro Padre que está en los cielos dará buenas cosas a los que le pidan? Mateo 7:11

Mire usted las tantas veces que se le llama hija mía a Rut…

Primera vez, ve hija mía...

- Segunda vez, escucha hija mía…
- Tercera vez, es bueno hija mía…
- Cuarta vez, seguridad hija mía…
- Quinta vez, pide cobertura…
- Sexta vez, no temas…
- Séptima vez, no vayas con las manos vacías…
- Octava vez, reposa hija Mia…

Vemos aquí en la Escritura como el pueblo de Israel rechazó al Señor, y eso provocó que todo aquel que crea lo lleve a un proceso de adopción como hijo, no engendrado por voluntad de carne, ni sangre, ni de varón, sino por voluntad de Dios. Pero en ese proceso de adopción, el Señor nos da instrucciones que podemos visualizar en el libro de Rut, ya que Rut es una Moabita que nos marca la excepción a la regla de que los Moabitas estaban fuera de todo pacto.

Deuteronomio 23:03 dice: Ningún amonita ni moabita entrará en la asamblea del Señor; ninguno de sus descendientes, aun hasta la décima generación, entrará jamás en la asamblea del Señor... ya que sobre todo juicio, triunfa la misericordia de Dios, y donde se decía que no eran hijos, ahora son llamados hijos de Dios.

Por la gracia de Dios somos adoptados como hijos suyos.

Es tremendo pensar que, en el proceso de adopción, los padres eligen y ellos deciden si lo adoptan o no, qué hermoso saber que logramos calificar, aunque no sabemos qué vio Dios, pero ahora, en agradecimiento, tenemos que seguir el proceso de adopción y lo primero es reconocer paternidad.

MOABITAS: Es la designación que se hace de los hijos de Lot, nacidos con su hija mayor.

Génesis 19:16. **Y dio a luz la mayor un hijo, y llamó su nombre Moab, el cual es padre de los moabitas hasta hoy...**

Es llamado en la Biblia como un pueblo orgulloso, Isaías 16:06 dice: Hemos oído la soberbia de Moab, muy grandes son su soberbia, su arrogancia, y su altivez, pero sus mentiras no serán firmes...

Un pueblo arrogante, Jeremías 48:47 ...Pero haré volver a los cautivos de Moab en lo postrero de los tiempos, dice Jehová. Hasta aquí es el juicio de Moab...

E idólatra, I Reyes 11:07 ... Entonces edificó Salomón un alto a Quemos, abominación de Moab, en el monte que está enfrente de Jerusalén; y a Moloc, abominación de los hijos de Amón...

Sus dioses principales eran Quemos y Moloc. Quemos significa sojuzgador y Moloc era a quien ofrecían sacrificios humanos quemados. El rey de Moab que aparece en Números 22:04 ... Y dijo Moab a los ancianos de Madián: Ahora lamerá esta compañía todos nuestros contornos, como lame el buey la grama del campo. Y Balac, hijo de Zipor, era entonces rey de Moab...

Este hombre rey de Moab, se llamaba Balak, que significa devastador. Todo esto es una interesante similitud con nosotros que antes no éramos hijos y nos encontrábamos en una región de tinieblas, alejados de Dios y de la ciudadanía de Israel.

CAPÍTULO 5

LOS 8 PROCESOS DE RUT

Sigamos el plan de la adopción

Cada historia de la Biblia carga algo interesante y poderoso, y como bien dice la misma Escritura, esas cosas acontecieron con un fin: Como ejemplo a nosotros.

Así que vamos a desglosar Rut 1:16, donde dice: Pero Rut dijo: No insistas que te deje o que deje deseguirte:

1. No insistas que te deje o que deje de seguirte; …
2. ...Porque adonde tú vayas, iré yo, y...
3. ...Donde tú mores, moraré....
4. ...Tu pueblo será mipueblo, y...
5. ...Tu Dios mi Dios...
6. ...Donde tú mueras, allí moriré, y...
7. ...Allí seré sepultada....
8. ...Así haga el Señor conmigo, y aún peor, si algo, excepto la muerte, nossepara...

Tal como dijimos anteriormente, al observar el libro de Rut, nos damos cuenta que marca la clave en la que podemos ver las instrucciones de vida a los recién adoptados, ya que ocho veces desde que adoptan a Rut, le empiezan a decir: "hija" y le dan instrucciones.

Primera vez: ve, hija mía

Rut 2:02 ...Y Rut la moabita dijo a Noemí: Te ruego que me dejes ir al campo a recoger espigas en pos de aquel a cuyos ojos halle gracia. Y ella le respondió: Ve, hija mía.

Vemos que la primera orden se deriva de que Rut es humilde y pide consejo sobre qué hacer, ahora que es hija, ahora que ha cortado su cordón umbilical con los de Moab, y tendrá que dejar viejas costumbres para establecerse en las cosas de Dios, vemos sujeción en los siguientes pasajes:

Ve y reconcíliate con tu hermano. Mateo 5:24 ...deja allí tu presente delante del altar, y ve, vuelve primero en amistad con tu hermano, y entonces ven y ofrece tu presente.

Ve y recorre la milla extra. Mateo 5:41 ... y a cualquiera que te cargare por una milla, ve con él dos... ü Ve y paga los impuestos Mateo 17:27 ... Sin embargo, para que no los ofendamos, ve al mar, y echa el anzuelo, y el primer pez que viniere, tómalo, y abierta su boca, hallarás un estatero: Tómalo, y dáselo por mí y por ti.

Ve a trabajar a mi viña. Mateo 21:28 ... Pero, ¿qué os parece? Un hombre tenía dos hijos, y llegando al primero, le dijo: Hijo, ve hoy a trabajar en mi viña. ü Ve y muéstrate al sacerdote, Mateo 8:04... Entonces Jesús le dijo: Mira, no lo digas a nadie; mas ve, muéstrate al sacerdote, y ofrece el presente que mandó Moisés, para que les conste.

Ve y anuncia el reino de Dios. Lucas 9:60... Y Jesús le dijo: Deja que los muertos entierren a sus muertos; y tú, ve, y anuncia el Reino de Dios...

Ve y llama a tu marido. Juan 4:16 ...Jesús le dice: Ve, llama a tu marido, y ven acá... que tremendo que el Señor nos diga que vayamos a traer a la familia, acercarla a Cristo, lo cual implica que nuestras actitudes en casa sean notoriamente cambiadas para ganar a otros sin palabras, sino que con nuestras actitudes.

En I Pedro 3:01 dice: ...asimismo vosotras, mujeres, estad sujetas a vuestros maridos, para que también los que no creen a la palabra, sean ganados sin palabras, por la conducta de sus esposas... por supuesto que esto va no solamente para las esposas.

Ve y lávate en el Siloe (Apostolado) Juan 9:07 ... y le dijo: Ve, lávate en el estanque de Siloé (que significa, si lo declaras Enviado). Y fue entonces, y se lavó, y volvió viendo.

Que las promesas de Dios, jamás decaigan en nuestra vida.

Es bueno que nos acostumbremos a no dejar caer una espiga, pues la palabra de Dios, no se debe dejar caer, eso nunca lo debemos permitir, para no perder el primer amor. Muchos al pasar de los años, empiezan a dejar caer las espigas que es donde está el grano, es decir, la semilla, donde está toda la bendición que se verá al desarrollarla.

Otra cosa importante es que Rut fue a un lugar donde halló gracia, ni legalistas ni libertinos, sino debemos gozar un evangelio de gracia. La primera orden en los adoptados es portarse como hijos, estar bajo sujeción, no dejar caer la palabra de Dios y buscar un campo donde se halle la gracia.

Segunda vez: Escucha hija

Rut 2:08...Entonces Booz dijo a Rut: Oye, hija mía. No vayas a espigar a otro campo; tampoco pases de aquí, sino quédate con mis criadas (siervas)... La palabra: Oye en hebreo es SHAMA, que significa: "Oír con inteligencia, escuchar para obedecer".

El que ha sido adoptado, debe empezar el proceso de obediencia, al escuchar la voz de Booz, que es la de Cristo, quien le dice: "Ya encontraste un campo en la casa del pan", por eso Booz siempre había sembrado trigo y cebada.

Donde no se siembra palabra, pronto vendrá el tiempo de la escasez. Le dice también: "Si estás comiendo bien, no vayas a otros campos para que no te intoxiques ni pases estos límites, sino quédate con las que han sido criadas en este lugar, quédate con las hijas de Sion".

En figura nos están diciendo: "Busca e intégrate con nuevas amistades, no regreses atrás con la comadre ni con tus antiguos dioses, ni campos donde no hayas comido ni prediquen la gracia de Dios".

La recién adoptada tiene que aprender a oír la voz de Dios y obedecerla. Jesús nos enseña cosas grandes en el oír: ü El que oye y hace la palabra, edifica sobre la roca (Cristo) ü El que oye y no la hace, edifica sobre la arena.

Mateo 7:24 al 27....Cualquiera, pues, que me oye estas palabras, y las hace, le compararé al varón prudente, que edificó su casa sobre la peña... verso 25 ...y descendió lluvia, y vinieron ríos, y soplaron vientos, y combatieron aquella casa; y no cayó, porque estaba fundada sobre la peña.

Verso 26 ...Y cualquiera que me oye estas palabras, y no las hace, le compararé al varón loco, que edificó su casa sobre la arena; ... verso 27 ... y descendió lluvia, y vinieron ríos, y soplaron vientos, e hicieron ímpetu en aquella casa; y cayó; y fue grande su ruina.

El que oye y la entiende, lleva mucho fruto ü El que oye y no la entiende, el enemigo se la lleva y no da ningún fruto. Mateo 13:19 al 23 ...Oyendo cualquiera la Palabra del Reino, y no entendiéndola, viene el Malo, y arrebata lo que fue sembrado en su corazón; éste es el que fue sembrado junto al camino.... verso 20...Y el que fue sembrado en pedregales, éste es el que oye la palabra, y luego la recibe con gozo.

Verso 21 ...Mas no tiene raíz en sí, antes es temporal; que venida la aflicción o la persecución por la Palabra, luego se ofende.... verso 22...Y el que fue sembrado entre espinos, éste es el que oye la Palabra; pero la congoja de este siglo y el engaño de las riquezas, ahogan la Palabra, y se hace infructuosa.... verso 23 ...Mas el que fue sembrado en buena tierra, éste es el que oye y entiende la Palabra, y el que lleva el fruto; y produce uno a ciento, y otro a sesenta, y otro a treinta por uno.

Las ovejas oyen la voz de su pastor

I Juan 4:06 ...**Nosotros somos de Dios; el que conoce a Dios, nos oye; el que no es de Dios, no nos oye. En esto conocemos el espíritu de la verdad y el espíritu del error.**

Tenemos que aprender a oír, como parte del proceso de adopción, tenemos que saber escuchar para que no nos pase como a aquel hombre rico, que oyó la palabra y se fue triste. Marcos 10:21 dice: Jesús, mirándolo, le amó y le dijo: Una cosa te falta: ve y vende cuanto tienes, y da a los pobres, y tendrás tesoro en el cielo; y ven, sígueme. Verso 22 ...Pero él, afligido por estas palabras, se fue triste, porque era dueño de muchos bienes.

Este hombre no supo oír y se fue antes que el Señor terminara de hablar, pues luego dijo que cuán difícil era para el hombre rico poder dar, y entonces cerró su mensaje diciendo en Marcos 10 29 ... Jesús dijo: En verdad os digo: No hay nadie que haya dejado casa, o hermanos, o hermanas, o madre, o padre, o hijos o tierras por causa de mí y por causa del evangelio.

Verso 30 ...que no reciba cien veces más ahora en este tiempo: Casas, y hermanos, y hermanas, y madres, e hijos, y tierras junto con persecuciones; y en el siglo venidero, la vida eterna... Como recién adoptados, aprendamos a oír para obedecer y así poder hacer y entender.

Tercera vez: Es bueno, hija mía

Rut 2:22 ...**Y Noemí dijo a Rut su nuera: Es bueno, hija mía, que salgas con sus criadas, no sea que en otro campo te maltraten.**

Ahora le dicen que se integre, pero en labores como intercesión, orar y Koinonías. Qué cosa tan tremenda, que ahora le dicen que tiene que cambiar de amistades, y le dicen que no fuera a otros campos para que no fuera maltratada.

El hacer koinonía con el grupo adecuado, nos va a permitir crecer, ya que si hacemos junta con quienes no son de Cristo, estamos expuestos a que nuestras buenas costumbres cambien hacia las de nuestros compañeros de junta, como lo dice en I Corintios 15:33 ... No erréis, los malos compañeros corrompen el buen carácter...

Si lo vemos del otro ángulo, vemos que los buenos compañeros no corrompen el buen carácter, sino que lo ayudan, lo revitalizan, etc. Además, encontramos la sentencia de Jeremías 15:19 que dice ...conviértanse ellos a ti, y tú no te conviertas a ellos.

Cuarta vez: Seguridad, hija mía

Rut 3:01 ... Después su suegra Noemí le dijo: Hija mía, ¿no he de buscar seguridad para ti, para que te vaya bien?... El consejo de Noemí es querer encontrar seguridad, por tal motivo la aconseja, y como ella sabe oír, hará de acuerdo a la palabra. Más adelante, vemos que le dicen que se ponga a sus pies, es decir, que se rinda, y allí encontrará la bendición. Rut 3:03 dice: ...Lávate, pues, úngete y ponte tu mejor vestido y baja a la era; pero no te des a conocer al hombre hasta que haya acabado de comer y beber.

Esta es la instrucción para llegar a los pies del Señor:

- Lavarse: Confiesa tus pecados
- Ungirse: Déjate ungir por tu pastor
- Cambiarse de ropa: Quita tu traje de Moabita
- Y, por último, llégate a sus pies.

El que se rinde delante de Dios, tendrá seguridad, porque en Él ha puesto su confianza. Salmos 91:09 dice: **Porque**

has puesto al Señor, que es mi refugio, al Altísimo, por tu habitación.

Quinta vez: Pidió cobertura

Rut 3:10 dice: ... **Entonces él dijo: Bendita seas del Señor, hija mía. Has hecho tu última bondad mejor que la primera, al no ir en pos de los jóvenes, ya sean pobres o ricos.**

Cada uno de los que son adoptados como hijos de Dios, deben seguir esta ruta; y cuando ya se ha rendido a Dios, le toca solicitar que le extiendan el manto, que la cubran. La cobertura es cuidar, dar protección, transferir la unción. Esta es la quinta vez que le dicen "hija", y es aquí donde ella reconoce los cinco ministerios y la gracia, y entonces decide por ella misma, ponerse debajo las alas, debajo del manto.

La cobertura es una doctrina escritural

En la ley, aparece en Génesis 24:65 que Rebeca, cuando vio al Señor, se puso su velo y se cubrió ...Porque había preguntado al criado: ¿Quién es este varón que viene por el campo hacia nosotros? Y el siervo había respondido: Este es mi señor. Ella entonces tomó el velo, y se cubrió.

En los Salmos, David dice en el capítulo 91:04...**Con sus plumas te cubre, y bajo sus alas hallas refugio; escudo y baluarte es su fidelidad.**

En los profetas, Isaías 4:05 dice que toda gloria tiene su cobertura y nos lleva a la realidad de las cosas que hay en Sion··· Y creará el SEÑOR sobre toda la morada del Monte de Sion, y sobre los lugares de sus convocaciones, nube y oscuridad de día, y de noche resplandor de fuego que eche llamas; porque sobre toda gloria habrá cobertura.

Verso 06 ... **Será un cobertizo para dar sombra contra el calor del día, y refugio y protección contra la tormenta y la lluvia.**

En los evangelios, Jesús dijo que quería cubrir, leámoslo en Mateo 23:37 **¡Jerusalén, Jerusalén, la que mata a los profetas y apedrea a los que son enviados a ella! ¡Cuántas veces quise juntar a tus hijos, como la gallina junta sus pollitos debajo de sus alas, y no quisiste!**

Jesús dice que quiso cubrir como la gallina cubre a sus polluelos, pero ellos no quisieron, esto no se impone, por eso es muy diferente tener al Señor y creer que seguir el proceso de adopción y estar bajo cobertura, y por esa causa, la casa de Israel quedó desierta.

Sexta vez: No temas

Rut 3:11 ... Ahora hija mía, no temas. Haré por ti todo lo que me pidas... En la versión RVA dice en lugar de pidas, "digas, llames, invoques, determines expresamente, el reto que te propongas... pues todo mi pueblo en la ciudad sabe que eres una mujer virtuosa con poder, con vigor, de la armada, de la milicia divina.

El perfecto amor, echa fuera el temor, no temeremos al fracaso, porque el Señor nos conoce por nombre, nos ha comprado y estamos debajo de sus alas. Notemos también que aparece la palabra de fe, cuando dice: "Haré por ti lo que tú digas, no lo que tú pienses, atrévete a confesar que eres bendición, atrévete a confesar verdades en Dios, ¡Aleluya!

En II Timoteo 1:07 dice ...**Porque no nos ha dado Dios el espíritu de temor, sino el de fortaleza, y de amor, y de templanza.**

Es decir, aquí se habla de lo que Dios ha sembrado en nosotros, pero dice claramente que no sembró espíritu de temor, El sembró fortaleza, amor y templanza, como dice Hebreos 10:09 cuando habla de los pactos... **Entonces dijo: Heme aquí para que haga, oh Dios, tu voluntad. Quita lo primero, para establecer lo postrero.** Notemos, quita lo primero y establece lo segundo, nos quitan una y nos dan tres.

Séptima vez: No vayas con las manos vacías

Rut 03:15 y 16 dice: ... Y le dijo a ella: Llega el lienzo que traes sobre ti, y ten de él. Y teniéndolo ella, él midió seis medidas de cebada, y se las puso a cuestas; y ella se fue a la ciudad.

Verso 16- **Cuando llegó a donde estaba su suegra, ésta dijo: ¿Cómo te fue, hija mía? Y le contó todo lo que el hombre había hecho por ella.**

Booz (Cristo) le da una instrucción y le dice que, ya que tiene el manto encima, que lo utilice, que enseñanza vemos aquí, pues en el manto pone seis medidas de cebada para que cuando regrese, no vaya con las manos vacías.

Hay algo que los hijos en el proceso de adopción debemos aprender, y es que debemos presentarnos delante de nuestro Dios, pues Él quiere llenar nuestras manos.

Éxodo 3:21 dice que ni cuando salieron de Egipto, se fueron con las manos vacías··· y yo daré a este pueblo gracia en los ojos de los egipcios, para que cuando os partiereis, no salgáis vacíos; verso 22...sino que demandará cada mujer a su vecina y a su huésped vasos de plata, vasos de oro, y vestidos, los cuales pondréis sobre vuestros hijos y vuestras hijas, y despojaréis a Egipto.

En Deuteronomio 16:16 dice que cuando llegaban al templo, nadie se presentaba con las manos vacías ...Tres veces cada año parecerá todo varón tuyo delante del SEÑOR tu Dios en el lugar que Él escogiere: en la fiesta solemne de los panes cenceños, y en la fiesta solemne de las semanas, y en la fiesta solemne de los tabernáculos. Y no parecerá vacío delante del SEÑOR:

Verso 17...Cada uno con el don de su mano, conforme a la bendición del SEÑOR tu Dios, que te hubiere dado. Solo los que crucificaron a Jesús, lo mandaron con las manos vacías.

Octava vez: Reposa hija mía

Rut 3:18... Entonces ella dijo: Reposa, hija mía, hasta que sepas cómo cae la cosa; porque aquel hombre no reposará hasta que hoy concluya el negocio... En otras palabras, le dice Noemí: "Ahora que estás cubierta, he quitado el temor, he llenado tus manos, reposa, que la obra la terminarás, ya le dio vida a tu espíritu, está reprogramando tu alma".

Nuevamente recordemos que en Romanos 8:23 dice que el cuerpo será el final del proceso de adopción ...Y no sólo ella, sino que también nosotros mismos, que tenemos las primicias del Espíritu, aun nosotros mismos gemimos en nuestro interior, aguardando ansiosamente la adopción como hijos, la redención de nuestro cuerpo.

El proceso es completo; y seremos carne de su carne y hueso de sus huesos, tenemos que ser semejantes al cuerpo de Cristo, este es el proceso final de la adopción de Rut, la ex Moabita y ahora futura esposa de Cristo.

Filipenses 1:06 dice ...**Confiando de esto: que el que comenzó en vosotros la buena obra, la perfeccionará hasta el día de Jesús el Cristo.**

Como conclusión, podemos decir que hemos visto como la Moabita, a pesar de sus raíces ancestrales corruptas, y del decreto que estaba en contra de ella, de no poder pertenecer a Israel, pudo lograr por la misericordia de Dios, ser adoptada como hija.

Al ser adoptada, tuvo un recorrido de adopción, ya que vemos que comenzó como la Moabita adoptada, y terminó siendo la esposa de Booz.

El fracaso de muchos cuando llegan a una iglesia, es que no siguen el plan de adopción, Rut tipifica el itinerario de un adoptado, por eso dice la Biblia en Romanos 8:15...**Pues no habéis recibido un espíritu de esclavitud para volver otra vez al temor, sino que habéis recibido un espíritu de adopción como hijos, por el cual clamamos: ¡Abba, Padre!**

Mencionamos anteriormente que, en la Escritura de este relato de Rut, aparece ocho veces la palabra: "Hija Mía" y Rut recibe ocho instrucciones que serán el reinicio de su vida como hija de Dios, y cada una traerá una instrucción que nos traerá bendición; y cada una de ellas será diferente.

1. Ve hija mía, esta es la instrucción para que no dejemos caer espigas de la palabra y que vayamos dirigidos hacia un evangelio de gracia.

2. Escucha hija mía, esto se refiere a saber oír para obedecer.

3. Es bueno hija mía, le dicen esto para que no fuera a otros campos a espigar.

4. Hija mía, lávate, úngete y cámbiate de ropa para ir a los pies del Señor y rendirnos.

5. Bendita hija mía, por pedir que extienda el manto.

6. No temas hija mía, pues soy tu protector.

7. No vayas con las manos vacías.

8. Reposa hija mía, que la obra la terminarán.

Los desiertos son en su totalidad, la forma en que Dios trabaja con nuestras vidas. Desde que Él me llamó al ministerio y a trabajar para su reino, hay etapas en las cuales uno ejercita lo aprendido; y cuando empezamos a utilizar, es ahí donde Dios enviará las herramientas para la formación total de cada uno de nosotros.

CAPÍTULO 6

LOS 7 PROCESOS DEL CRISTIANO

Posiblemente en la vida de algunos de nosotros las cosas aparentemente no están saliendo bien, hay dolor, hay sufrimiento, hay escasez, hay soledad y tantas cosas más, parecería que todas las cosas están mal, que no hay mejoría visiblemente, pero en medio de todas esas situaciones que podamos estar pasando, simplemente debemos entender que son los procesos de Dios en nuestras vidas, y es para un fin determinado.

Así que respondámonos nosotros mismos esta pregunta ¿Quién comenzó en nosotros la buena obra? Y todos sabemos que la respuesta es Dios, por lo tanto, tenemos que estar seguros que Dios está haciendo una buena obra en nuestra vida, aunque muchas veces no lo comprendamos, aunque muchas veces nos parece que del desierto no hay salida; no obstante, tenemos que saber que Dios tiene un plan para perfeccionar en nosotros la buena obra que ha comenzado desde el momento que nos tomó como hijos suyos.

Por lo cual, miremos cómo puede Dios trabajar en nuestras vidas en medio de los desiertos que atravesamos, desiertos que, reitero, son sumamente necesarios para que logremos un propósito, dentro de nuestros 7 procesos algo maravilloso se manifiesta:

1.- El mismo Espíritu Santo nos puede llevar al desierto a que nos enfrentemos en situaciones para que veamos qué tanto hemos avanzado. (Mateo 4:1-11)

2.- Los desiertos nos pueden servir para estar a solas en oración con el Señor. (Mateo 1:35)

3.- Los desiertos nos pueden servir para apartarnos a descansar. (Marcos 6:30)

4.- En medio del desierto podemos ver la sobrenaturalidad de Dios. (Marcos 6:35-44)

5.- En medio de los desiertos podemos ejercer un ministerio de evangelismo. (Lucas 9:10-11)

6.- En los desiertos es cuando se pueden escudriñar los misterios que se encuentran en la Biblia. (Juan 11:53-54)

7.- Sin importar el desierto por el que estemos atravesando, tal vez problemas grandes; no obstante, ninguno es para muerte, porque Cristo nos sustituyó en medio del desierto, para que todos los que le aceptemos podamos estar cubiertos en todo momento por El. (Mateo 27:45-46)

Uno de los propósitos de Dios para la vida de cada uno de nosotros, como sus hijos, es el hecho de alcanzar la perfección.

Nosotros aceptamos a Cristo en nuestro corazón en un día determinado de nuestra vida, y con eso alcanzamos a ser salvos por la misericordia de Dios, pero si en realidad nacimos de nuevo y no fue un acto religioso de que alguien nos empujó para acceder a hacerlo; pero si en realidad lo aceptamos en nuestro corazón y nacimos de nuevo, por ese acto, nos podemos considerar salvos.

Sin embargo, al pasar el tiempo, después de saber las promesas de Dios para nosotros, podríamos detenernos a pensar que el Señor Jesucristo aún no viene por nosotros, y eso nos puede llevar a pensar o a preguntarnos el porqué de la espera; a lo cual también debemos reconocer que Él nos esperó por bastante tiempo, hasta que llegó el día en que decidimos abrirle la puerta de nuestro corazón y que El entrara.

Por lo que ahora debemos estar dispuestos a esperarlo el tiempo que sea necesario, porque Él sabe qué es lo que más nos conviene y sabe por qué razón no ha venido por nosotros. Sin embargo, respecto a lo que puede considerarse como tardanza; vemos en las epístolas del Apóstol Pedro, que nos exhorta a que veamos el propósito del tiempo que Dios aún nos deja en la tierra, y que el criterio de algunos en llamar tardanza; es en realidad la misericordia de Dios para otros:

El Señor es el único que sabe con exactitud qué es lo que nos conviene.

"El Señor no se tarda en cumplir su promesa, según algunos entienden la tardanza, sino que es paciente para con vosotros, no queriendo que nadie perezca, sino que todos vengan al arrepentimiento." 2 Pedro 3:9.

Entonces la tardanza que a veces sentimos, en relación a la venida de nuestro Señor Jesucristo, tiene dos propósitos:

- Uno es para que se salven los que aún no se han salvado.
- Y el otro es para los que hemos alcanzado la salvación; logremos ascender escalones que nos galardonarán cuando lleguemos a la vida eterna.

Es necesario comprender que todo lo que padecemos o que nos hacen padecer mientras estemos en la tierra, tendrá repercusiones determinantes cuando lleguemos a la eternidad.

Notemos que, en todo esto, estamos refiriéndonos al galardón que podemos alcanzar a recibir cuando lleguemos a la eternidad.

En este momento no estamos refiriéndonos a la salvación, porque ese evento fue el primero de una serie de acontecimientos que habremos de vivir; partiendo del entendido que hemos sido predestinados para ser hijos de Dios. Pero en todo esto; lo que se determinará es: En qué lugar del cielo estaremos o qué tan cerca de Dios nos ubicarán, y para ese momento es que se está movilizando algo que podríamos considerar como decía el Apóstol Pablo, en cuanto a que había peleado la buena batalla; para alcanzar un galardón en la vida eterna.

Debemos considerar que el pase para entrar a la eternidad no se compra con dinero, y la ubicación en la eternidad la obtendremos dependiendo de algunas situaciones que el Señor nos explica en nuestra vida, y que debemos atravesar para que alcancemos la perfección mientras pasa la vida que Dios nos ha regalado en esta dimensión, o sea, en la tierra.

A pesar de todo lo que vivimos constantemente; quizá en medio de alguna escasez económica o de cualquier tipo de problemas, debemos saber que la vida que Dios nos ha regalado es una vida verdaderamente grande, principalmente porque sabemos en las manos de quién estamos, y que Él no nos dejará a medio camino. Sin embargo, debemos comprender también que uno de los tratamientos que Dios aplicará a nuestra vida en determinado momento, es la soledad.

Fíjese el proceso tan duro y difícil que como familia atravesamos, proceso que nos desunió en un principio, se manifestó con ello la soledad, era un disiento que todos debíamos pasar. Porque al fin y al cabo el plan de Dios es salvarnos, y mi familia estaba entendiendo que debía aceptar al Señor, no negamos que fue un duro golpe, que produjo mucho dolor, pero nadie, absolutamente nadie amaba a mi mamá más que el Señor, el que decidió venir por ella.

Vamos a leer las siguientes citas bíblicas para entender por la palabra cómo nosotros atravesamos y demoramos las promesas de Dios.

Génesis 15:13-14

Y Dios dijo a Abram: Ten por cierto que tus descendientes serán extranjeros en una tierra que no es suya, donde serán esclavizados y oprimidos cuatrocientos años. Mas yo también juzgaré a la nación a la cual servirán, y después saldrán de allí con grandes riquezas.

Génesis 17:8

Y te daré a ti, y a tu descendencia después de ti, la tierra de tus peregrinaciones, toda la tierra de Canaán como posesión perpetua; y yo seré su Dios.

El Señor nos llama y permite que todas las cosas sean de beneficio para sus propósitos.

Cuando Dios sacó al pueblo de Israel de Egipto, tenía como propósito llevarlos a Canaán, a la tierra prometida, tierra de bendición, de abundancia, pero todo esto era figura de la venida de nuestro Señor Jesús, quien es la simiente de la promesa:

Gálatas 3:16 **Ahora bien, las promesas fueron hechas a Abraham y a su descendencia. No dice: y a las descendencias, como refiriéndose a muchas, sino más bien a una: y a tu descendencia, es decir, Cristo.**

V 29 **Y si sois de Cristo, entonces sois descendencia de Abraham, herederos según la promesa.**

Ahora entendemos por qué Jesús dijo: **"Yo vine para que tengan vida y vida en abundancia" (Juan 10:10),** es decir "Yo los voy a entrar a vivir el verdadero propósito hasta llegar a nuestra asignación".

Nosotros debemos entender que Dios no quiere solo salvarnos (sacarnos del desierto), Él ha prometido llevarnos a una vida en abundancia (asignación), ahora ¿qué pasa que no entramos todavía?

Dios tiene que prepararnos para salir del desierto y llevarnos al propósito divino. Y esto lo expongo no de manera filosófica, sino práctica, por eso inicie contándoles mi testimonio, de cómo se vinieron dando en mi vida las cosas, pero todo lo que me acontecía, simplemente me estaba llevando de ese desierto a la asignación que Dios me tenía.

Si revisamos sigilosamente el proceso del pueblo de Israel, desde su salida de Egipto, vemos que antes de llevar al pueblo a Canaán, Dios primero lo preparó, Dios debía hacerles entender que su vida dependía de la bendición de Él, no de los bienes materiales, Jesús dijo:

Y les dijo: Estad atentos y guardaos de toda forma de avaricia; porque aun cuando alguien tenga abundancia, su vida no consiste en sus bienes. Lucas 1215

El Camino no es fácil

Éxodo 13:17 nos dice que cuando Dios sacó al pueblo de Israel de Egipto y los encaminó a la tierra prometida, nos los llevo por el camino más fácil, al contrario, los llevó por el camino más largo, pero ¿Por qué? porque necesitaba prepararlos para que pudieran cumplir su propósito celestial.

¿Cuánto tiempo demoró esta preparación? 40 años, ¿Por qué? Porque el pueblo no entendió cuál era el propósito de estar en el desierto. Hoy en día pareciera lo mismo, mucho pueblo de Dios perece por no entender esto.

Deuteronomio 8:2-3 nos dice que el propósito de humillarnos, de probarnos, de aguantar hambre es para hacernos entender que debemos depender de Dios, solo de Él, no de nuestras fuerzas, capacidades, amistades, recursos, influencias, etc.

Dios es primero y sobre todo, Dios quiere que sepamos que primero es El y por sobre todo El, Jesús decía: "Buscad primeramente el Reino de Dios y su justicia, y todas las demás cosas os serán añadidas", Dios nos lleva al desierto porque allí no hay qué comer, qué beber, dónde vivir, dónde trabajar, no hay nada, entonces aprendemos a depender de su provisión, de su palabra, de sus promesas, de su poder.

Dios quiere que entendamos que Él nos sacó de Egipto, no fue nuestra fuerza, así que Él nos meterá a Canaán, n o depende de nosotros, pero cuando no entendemos el desierto, entonces empezamos a ver qué hacemos, dónde podemos encontrar nuestra solución, vamos tras otras fuentes, tras otros métodos, buscamos algún otro recurso. O sea, buscamos ciertos atajos, que, a la larga, no los son.

Nuestro Señor Jesús nos enseñó cómo actuar, Mateo 4:1 dice que fue llevado por el Espíritu al desierto, y ahí fue tentado, pero El respondió: "Escrito está, no solo de pan vivirá el hombre, sino de la palabra que sale de la boca de Dios".

Esto era lo que Dios quiso hacerle entender al pueblo de Israel durante 40 largos años, aquí vemos que el Señor Jesús solo estuvo 40 días en el desierto, porque sabía cuál era el propósito del desierto.

Le hago esta pregunta querido lector: ¿Cuánto tiempo quieres estar usted en el desierto, 40 años o 40 días?

De ti depende, entre más rápido entiendas que debes depender completamente de Dios, de su palabra, de su promesa, entonces podrás entrar a Canaán, a disfrutar de la vida en abundancia, porque la recibimos de Él, no depende de nuestras fuerzas, el Apóstol Pablo decía "Fortaleceos en el Señor y en Poder de su fuerza".

CAPÍTULO 7

EL DESIERTO Y SUS ETAPAS

Primera etapa del desierto

Vamos aquí, en este capítulo, a ver algo sumamente interesante, y es que en los desiertos habrá una que otras manifestaciones, tanto que en ellos serás visitado por Dios, tendrás hermosos encuentros con Él, pero no debes descartar que también te visitará el enemigo, y esto no es que sea probablemente, es que será un hecho, porque en los desiertos se te manifestarán muchas necesidades, y el enemigo aprovechará para ofertarte una que otra cosa de las que necesitas, así que veamos el siguiente relato bíblico:

"Entonces Jesús fue llevado por el Espíritu al desierto para ser tentado por el diablo. Y después de haber ayunado cuarenta días y cuarenta noches, entonces tuvo hambre. Y acercándose el tentador, le dijo: Si eres Hijo de Dios, di que estas piedras se conviertan en pan.

Pero El respondiendo, dijo: Escrito está: "No sólo de pan vivirá el hombre, sino de toda palabra que sale de la boca de Dios." Entonces el diablo le llevó* a la ciudad santa, y le puso sobre el pináculo del templo, y le dijo: Si eres Hijo de Dios, lánzate abajo, pues escrito está: "A sus ángeles te encomendará", y: "En las manos te sostendrán, no sea que tu pie tropiece en piedra." Jesús le dijo: También está escrito: "No tentarás al Señor tu Dios."

Otra vez el diablo le llevó a un monte muy alto, y le mostró todos los reinos del mundo y la gloria de ellos, y le dijo:

Todo esto te daré, si postrándote me adoras. Entonces Jesús le dijo: ¡Vete, Satanás! Porque escrito está: "Al Señor tu Dios adorarás, y sólo a El servirás." El diablo entonces le dejó; y he aquí, ángeles vinieron y le servían." Mateo 4:1-11

Si somos conducidos al desierto por Dios, en todo momento nos cuidará.

Notemos que cuando Jesús fue llevado al desierto; fue llevado por el Espíritu Santo para vencer toda tentación. Cuando Él llegó al desierto, el Espíritu Santo le advirtió con quién se enfrentaría, pero el punto de esto es notar que, si somos conducidos al desierto por Dios, en todo momento nos cuidará, no obstante que Él es quien permite el desierto, no nos abandonará, pero si alguien es conducido por espíritus inmundos al desierto; será atormentado a tal grado que lo querrán matar por completo, como le sucedió al hombre gadareno.

Este hombre estaba siendo atormentado por espíritus inmundos en todo momento, y cuando Jesús llegó al lugar donde ese hombre estaba, el espíritu inmundo le dijo que él sabía quién era Jesús, y le hizo súplicas por él mismo para que no lo enviara al abismo, y que en su lugar lo dejara entrar en unos cerdos:

"Cuando llegó al otro lado, a la tierra de los gadarenos, le salieron al encuentro dos endemoniados que salían de los sepulcros, violentos a tal extremo que nadie podía pasar por aquel camino. Y gritaron, diciendo: ¿Qué tenemos que ver contigo, Hijo de Dios? ¿Has venido aquí para atormentarnos antes del tiempo?

A cierta distancia de ellos había una piara de muchos cerdos paciendo; y los demonios le rogaban, diciendo: Si vas a echarnos fuera, mándanos a la piara de cerdos. Entonces Él les dijo: ¡Id! Y ellos salieron, y entraron en los cerdos, y he aquí que la piara entera se precipitó por un despeñadero al mar, y perecieron en las aguas." Mateo 8:28-32

Pero el punto que debemos notar en todo esto, es que a veces seremos llevados al desierto, y en ese desierto sentiremos que estamos solos, pero no es así, porque Cristo nos prometió que estaría con nosotros todo el tiempo: "**Id, pues, y haced discípulos de todas las naciones, bautizándolos en el nombre del Padre y del Hijo y del Espíritu Santo; enseñándoles a guardar todo lo que os he mandado; y he aquí, yo estoy con vosotros todos los días, hasta el fin del mundo." Mateo 28:19-20**

Otro punto que debemos notar es que las tentaciones llegan precisamente cuando se está en medio del desierto, y la razón es que en medio del desierto la posibilidad de caer; es mayor.

Las tentaciones no llegan cuando nos sentimos fuertes en el Señor, no llegan cuando nos sentimos fuertes en el espíritu; las tentaciones llegan cuando nos sentimos débiles, cuando sentimos que nos han dejado completamente solos, y es en ese momento cuando debemos clamar a Dios para que nos fortalezca y poder resistir.

Si nos encontramos con alguien que en medio de un desierto no pudo resistir las tentaciones que llegaron a su vida y cae en pecado, debemos actuar con espíritu de mansedumbre, como está escrito en la Biblia: **"Hermanos, aun si alguno es sorprendido en alguna falta, vosotros que sois espirituales, restauradlo en un espíritu de mansedumbre, mirándote a ti mismo, no sea que tú también seas tentado." Gálatas 6:1**

Notemos que habla de la forma en la que debemos actuar, porque nadie está libre de ser tentado. A veces vemos personas que piensan estar libres de la tentación, y cuando ven que alguien ha caído en pecado, lo critican utilizando los peores epítetos que puedan existir, y se olvidan que ellos pueden ser atacados por la tentación en cualquier momento también.

Debemos saber y tener claro en todo momento que la soledad es un momento en que la tentación aprovechará para llegar a tentar a cada persona, con el objeto de hacerlo caer en pecado; y entendamos que aquí nadie está libre de ser tentado.

Comprendamos que el único que fue tentado, pero que nunca cayó en la tentación, fue nuestro Señor Jesucristo.

También debemos saber que la tentación de caer en pecado puede ser de diversas formas, por ejemplo: pensar, escuchar, hablar, hacer, etc. cosas que no son debidas y que pueden dañar nuestra vida integra; y principalmente la espiritual.

Una de las citas especiales que pueden servirnos como deleite o antídoto cuando llega la tentación para hacernos caer y diciéndonos que estamos solos; lo cual no es cierto, porque en realidad estamos en la mano de Dios, es la siguiente:

"Y a aquel que es poderoso para guardaros sin caída y para presentaros sin mancha en presencia de su gloria con gran alegría, al único Dios nuestro Salvador, por medio de Jesucristo nuestro Señor, sea gloria, majestad, dominio y autoridad, antes de todo tiempo, y ahora y por todos los siglos. Amén." Judas 1:24-25

Entonces, Dios nos puede librar de todo, pero no podemos estar presumiendo de que somos los hijos favoritos de Dios, porque El no hace distinción de personas. Obviamente que nosotros somos el pueblo de Dios, sus hijos, y con cada uno tiene un trato diferente, y de la misma forma como nos da la medicina para no caer en la tentación, la cual es que no nos alejemos de Él; también nos da el antídoto contra el pecado, si en caso caemos; cuando dice:

"Hijitos míos, os escribo estas cosas para que no pequéis. Y si alguno peca, Abogado tenemos para con el Padre, a Jesucristo el justo." 1 Juan 2:1

Dios nos dio el antídoto, pero si alguien pretende estar jugando con Dios porque Él es bueno, recordemos que Dios ve la intención del corazón, y si en el corazón se anidó el deseo de pecar deliberadamente, Él lo sabrá y debemos recordar que de Dios nadie se burla:

"No os dejéis engañar, de Dios nadie se burla; pues todo lo que el hombre siembre, eso también segará. Porque el que siembra para su propia carne, de la carne segará corrupción, pero el que siembra para el Espíritu, del Espíritu segará vida eterna. Y no nos cansemos de hacer el bien, pues a su tiempo, si no nos cansamos, segaremos." Gálatas 6:8-9

Cuando alguien está en un desierto, a veces trata de justificarse sobre lo que tiene pensado hacer, porque no encuentra a nadie; pero no debe olvidarse que, aunque todo el mundo le voltee la espalda y no lo ayude a salir del problema por el que está atravesando; existe alguien que si clama, lo ayudará y está todo el tiempo observando cuál es la actitud de su corazón, su nombre: El Señor Jesucristo.

Segunda etapa del desierto

"Levantándose muy de mañana, cuando todavía estaba oscuro, salió, y se fue a un lugar solitario, y allí oraba." Marcos 1:35

Como vimos anteriormente, el Espíritu Santo es quien nos puede conducir al desierto, si en realidad estamos confiando todo el tiempo en Dios, porque si no es así, también existe la posibilidad de que seamos conducidos por espíritus inmundos, como ya dijimos que le sucedió a aquel endemoniado; y que también existen momentos en los cuales es necesario buscar los desiertos, y no me refiero a desiertos espirituales, sino buscar un momento para estar en comunión con Dios, apartarse de todo y de todos para buscar el rostro de Dios en oración. Esto puede ser representado de manera física en un monte o montaña, una casa alejada que no esté habitada, a la orilla de la playa o un rio, el asunto es que estemos solos con nuestro Dios.

Vemos que, cuando Jesús llegó al templo a echar fuera a todos lo que tenían sus puestos de mercado, no los echó por otra cosa más que por haber cambiado la motivación de estar dentro del templo, la cual debía ser el hecho de estar en oración:

"Y entró Jesús en el templo y echó fuera a todos los que compraban y vendían en el templo, y volcó las mesas de los cambistas y los asientos de los que vendían las

palomas. Y les dijo: Escrito está: "Mi casa será llamada casa de oración", pero vosotros la estáis haciendo cueva de ladrones." Mateo 21:12-13

Debemos saber que la oración es lo mejor que podemos hacer ante cualquier situación; si es por alegría, no existe nadie más que Dios para comprender la alegría que podemos sentir en nuestro corazón por algún motivo, y si es por alguna tristeza, tampoco existe nadie más que Dios que pueda comprendernos y escuchar lo que estamos orando directamente de nuestro corazón; y uno de los lugares que se convierten más adecuados para orar en medio de cualquier situación personal, es a solas.

Mas tú, cuando ores, entra en tu aposento, y cerrada la puerta, ora a tu Padre que está en secreto; y tu Padre que ve en lo secreto te recompensará en público. Mateo 6:6

Es cierto que la oración en el matrimonio, o sea, en pareja, es efectiva, porque empiezan a ser familia o siendo una familia integrada; pero es necesario a veces estar a solas para poder conversar libremente con Dios, y poder platicar de todo lo que sintamos en nuestro corazón; y si existe algo que debamos hacer, poner delante de Dios para que lo cambie en nuestro corazón, debemos hacerlo, aprovechando el momento a solas, el momento de comunión personal en un desierto terrenal o sea en un lugar apartado de todos.

Tercera etapa del desierto

"Los apóstoles se reunieron con Jesús, y le informaron sobre todo lo que habían hecho y enseñado. Y Él les dijo: Venid, apartaos de los demás a un lugar solitario y descansad un poco. (Porque había muchos que iban y venían, y ellos no tenían tiempo ni siquiera para comer.)" Marcos 6:30

Existen bastantes cristianos que aman el trabajo en la obra del Señor, y no les importa estar cansados cuando salen de su trabajo secular, porque es mayor el amor a Dios, que el cansancio que puedan sentir. Lo único que algunos hacen es tomar unos minutos para alimentarse un poco y luego se incorporan en su privilegio.

Pero también es bueno tomarse un tiempo para descansar, considerando que ese descanso debe ser completo. Si en realidad se desea descansar, lo mejor es hacerlo en un lugar a solas donde esté complemente alejado de todo lo que normalmente haces para poder tomar fuerza y continuar adelante.

No es aconsejable irse de vacaciones a algún lugar y llevarse la computadora portátil para ver si le queda tiempo en medio de sus vacaciones, para adelantar algo de trabajo, cuando lo que se debe hacer es dedicarle tiempo a su familia y a su persona, o sea, cambiar el ritmo de vida que normalmente lleva.

Si alguien lleva trabajo al lugar que irá de vacaciones, en balde invirtió dinero, tiempo y muchas otras cosas, porque lo único que hizo fue cambiar de lugar de trabajo.

Nuestro Señor nos muestra como Él mandó a sus discípulos a que descansaran, porque el trabajo se había intensificado un poco, a tal grado que no tenían tiempo ni para comer:

"Y se fueron en la barca a un lugar solitario, apartado. Pero la gente los vio partir, y muchos los reconocieron y juntos corrieron allá a pie de todas las ciudades, y llegaron antes que ellos. Al desembarcar, El vio una gran multitud, y tuvo compasión de ellos, porque eran como ovejas sin pastor; y comenzó a enseñarles muchas cosas". Marcos 6:32-34

También podemos ver qué; no obstante, de la disposición que Jesús les había dicho que descansaran; El mismo tuvo compasión de aquellos que encontró hambrientos y sedientos de Palabra de Dios y les compartía. Cuando alguien tiene la responsabilidad de compartir de la Palabra de Dios, debe ponerse en las manos del Señor y agudizar su oído natural y espiritual para poder escuchar su voz y trasladar al pueblo lo que está en la voluntad de Dios y no en la mente humana de quien predica.

A veces existen personas que tienen que caminar demasiado para poder llegar a determinado lugar a escuchar de la Palabra de Dios, y que están sedientos y hambrientos en su espíritu, y no puede ser posible ante esa situación que el predicador empiece a filosofar sobre la Biblia. Es necesario comprender que, como predicadores de la Palabra de Dios, debemos estar anuentes a estar dispuestos a ser llenados por la mano de Dios en nuestro interior para llegar a ser verdaderamente vasos de bendición y no llevar un espectáculo ante el pueblo de Dios.

Cuarta etapa del desierto

"Y cuando era ya muy tarde, sus discípulos se le acercaron, diciendo: El lugar está desierto y ya es muy tarde; despídelos para que vayan a los campos y aldeas de alrededor, y se compren algo de comer. Pero respondiendo El, les dijo: Dadles vosotros de comer. Y ellos le dijeron: ¿Quieres que vayamos y compremos doscientos denarios de pan y les demos de comer? Y Él les dijo: ¿Cuántos panes tenéis? Id y ved. Y cuando se cercioraron le dijeron: Cinco, y dos peces. Y les mandó que todos se recostaran por grupos sobre la hierba verde. Y se recostaron por grupos de cien y de cincuenta.

Entonces Él tomó los cinco panes y los dos peces, y levantando los ojos al cielo, los bendijo, y partió los panes y los iba dando a los discípulos para que se los sirvieran; también repartió los dos peces entre todos. Todos comieron y se saciaron. Y recogieron doce cestas llenas de los pedazos, y también de los peces. Los que comieron los panes eran cinco mil hombres". Marcos6:35-44

Otro de los detalles que se pueden notar en medio del desierto, es que la sobrenaturalidad de Dios se hace manifiesta. Dios nos puede socorrer en todo momento, pero cuando estamos en medio de un desierto, las necesidades que se padecen, El las suple con sobrenaturalidades y principalmente; cuando Dios ve en el corazón que existe un deseo incontenible por buscar de Dios, Él suple las necesidades naturales, para que la búsqueda por lo espiritual continúe adelante.

A veces no se puede comprender cómo es que se sale adelante de la necesidad que ha llegado y solamente se ve cómo Dios suple; por ejemplo: si es escasez económica, Dios permite que sobreabunde el dinero o sencillamente, El permite que no tengamos más gastos de los necesarios y con eso, el estorbo que nos impedía caminar buscando a Dios, es quitado y El permite que continuemos, pero ante todo debemos saber que Dios ve la intención del corazón.

Quinta etapa del desierto

"Y cuando los apóstoles regresaron, dieron cuenta a Jesús de todo lo que habían hecho. Y El, tomándolos consigo, se retiró aparte a una ciudad llamada Betsaida. Pero cuando la gente se dio cuenta de esto, le siguió; y Jesús, recibiéndolos, les hablaba del reino de Dios, y sanaba a los que tenían necesidad de ser curados". Lucas 9:10-11

Betsaida significa: "La casa del pescado".

Con esto lo que podemos ver son varias situaciones: La primera es que el pescado está simbolizando el ministerio de evangelismo; otra es que existen personas que en lo secreto se apartan a evangelizar sin que ninguna persona los vea. Pero también encontramos personas que teniendo la vía de cómo evangelizar y trabajar en la obra de Dios, desaprovechan la oportunidad.

Por ejemplo: si alguien tiene la oportunidad de trabajar en lo secular como dependiente, y tiene clientes que lo buscan, no solamente para hacer negociaciones, sino también para pedirle un consejo; en ese momento puede aprovechar la oportunidad para evangelizarlos de alguna forma, quizá hablándoles dos o tres palabras, pero con algo que se le hable a los demás, ellos pueden sentir consuelo en medio de sus problemas y Dios puede tocar sus corazones para despertar a la realidad de que fuera del Señor Jesucristo, nada podemos hacer.

Sexta etapa del desierto

Así que, desde ese día planearon entre sí para matarle. Por eso Jesús ya no andaba públicamente entre los judíos, sino que se fue de allí a la región cerca del desierto, a una ciudad llamada Efraín; y se quedó allí con los discípulos. Juan11:53-54

Efraín significa: "Doblemente fructífero".

Jesús se había apartado con el grupo de sus discípulos para que tuvieran un momento de comunión, pero no la comunión que tenía con todos, sino que, para poderles trasladar sabiduría de lo alto, como está escrito en las epístolas escritas por el Apóstol Pablo:

"Sin embargo, hablamos sabiduría entre los que han alcanzado madurez; pero una sabiduría no de este siglo, ni de los gobernantes de este siglo, que van desapareciendo, sino que hablamos sabiduría de Dios en misterio, la sabiduría oculta que, desde antes de los siglos, Dios predestinó para nuestra gloria; la sabiduría que ninguno de los gobernantes de este siglo ha entendido, porque si la hubieran entendido no habrían crucificado al Señor de gloria; sino como está escrito: Cosas que ojo no vio, ni oído oyó, Ni han entrado al corazón del hombre, son las cosas que Dios ha preparado para los que le aman."1 Corintios 2:6-9

A veces cuando se aparta a un grupo de hermanos para platicar de doctrina, dentro del mismo grupo, existen personas que se van apartando, pero no a otro lugar desierto, sino, por cualquier pretexto, se alejan y se van quedando solamente los que en verdad tienen interés de aprender y que han alcanzado la madurez espiritual necesaria para poder asimilar los misterios que es necesario escudriñar en la Biblia.

Séptima etapa del desierto

"Y desde la hora sexta hubo oscuridad sobre toda la tierra hasta la hora novena. Y alrededor de la hora novena, Jesús exclamó a gran voz, diciendo: Elí, Elí, ¿lemá sabactani? Esto es: Dios mío, Dios mío, ¿por qué me has abandonado? "Mateo 27:45-46

En este último desierto que se ha descrito; podemos notar una infinidad de asuntos. La primera es que, en esta oportunidad, es la única vez que Jesús le llamó al Padre: Dios mío. Pero la pregunta que hizo Jesús, fue en torno de todo lo que estaba sucediendo y no lo hizo en forma de reproche al Padre.

Esta pregunta a veces llega a nuestra mente y baja a nuestro corazón con interrogantes respecto al gran amor del Padre hacia el Hijo; pero la respuesta vendría a nuestro ser por el Espíritu Santo; tiempo después diciendo: "Hijo mío te he abandonado porque eres el cordero expiatorio, el sustituto; y te he abandonado con el propósito de no abandonar a todos aquellos que crean en ti, porque tú los estás sustituyendo en este desierto".

A veces llegamos a pensar cuando estamos en medio de un desierto, que no saldremos del problema o desierto en que estamos sumidos, y llegamos a pensar que todos nos han olvidado, pero eso es una gran mentira de las tinieblas, porque existe uno que nos sustituyó en la cruz y nos sustituyó para que cuando estuviéramos atravesando algún desierto, no fuéramos abandonados: **"Ciertamente El llevó nuestras enfermedades, y cargó con nuestros dolores; con todo, nosotros le tuvimos por azotado, por herido de Dios y afligido. Mas Él fue herido por nuestras transgresiones, molido por nuestras iniquidades. El castigo, por nuestra paz, cayó sobre El, y por sus heridas hemos sido sanados. Todos nosotros nos descarriamos como ovejas, nos apartamos cada cual por su camino; pero el Señor hizo que cayera sobre El la iniquidad de todos nosotros. Fue oprimido y afligido, pero no abrió su boca: Como cordero que es llevado al matadero, y como oveja que ante sus trasquiladores permanece muda, no abrió él su boca." Isaías 53:4-7**

Si estás pasando por alguno de estos desiertos, no te rindas, no desmayes, Dios te está preparando para cumplir sus propósitos en ti. Dios no quiere que seamos cristianos mediocres, Él quiere terminar la obra que ya comenzó, que seamos un vaso de excelencia donde Él pueda poner el tesoro de su presencia.

Profeta Aura Arguello

Es doctora en teología, recibida en CIMA SOBRENATURAL EN ASOCIACIÓN CON HARVEST CHIRISTIAN UNIVERSITY.

Mamá de dos hermosos hijos, Abraham y Jorge Luis, esposa de Brico González. Estamos caminando la promesa de Dios, la cual Josué declaró ante una nación: Yo y mi casa serviremos al Señor.

MINISTERIO PROFÉTICO CASA DE DIOS

PUBLICACIONES
GentV
GENTE DE VALORES

www.ingramcontent.com/pod-product-compliance
Lightning Source LLC
LaVergne TN
LVHW050320160826
845677LV00014B/3493

* 9 7 8 9 9 4 5 6 2 4 9 2 2 *